VENTE

Du Samedi 19 Janvier 1895

HOTEL DROUOT, SALLE Nᵒ 8

ESTAMPES

Anciennes et Modernes

Imprimées en noir et en couleur

EAUX-FORTES, LITHOGRAPHIES
GRAVURES EN LOTS

DESSINS

Mᵉ **MAURICE DELESTRE**	**M. P. ROBLIN**
Commissaire-Priseur	*Marchand d'Estampes*
27, rue Drouot, 27	65, rue Saint-Lazare, 65

PARIS 1895

Paris. — Imp. Pairault & Cie, 3, passage Nollet   2098

CATALOGUE

D'ESTAMPES

ANCIENNES ET MODERNES

Imprimées en noir et en Couleur

EAUX-FORTES, LITHOGRAPHIES

CARICATURES, PORTRAITS

PIÈCES HISTORIQUES, GRAVURES EN LOTS

DESSINS

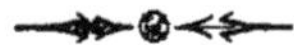

DONT LA VENTE AUX ENCHÈRES PUBLIQUES AURA LIEU

HOTEL DES COMMISSAIRES-PRISEURS

9, Rue Drouot. — Salle n° 8

Le Samedi 19 Janvier 1895

à 2 heures précises

Par le ministère de **Mᵉ Maurice DELESTRE,** Commissaire-Priseur,
27, Rue Drouot, 27

Assisté de **M. P. ROBLIN,** Marchand d'Estampes,
65, Rue Saint-Lazare, 65

PARIS — 1895

CONDITIONS DE LA VENTE

Elle sera faite au comptant.

Les Acquéreurs paieront *cinq pour cent* en sus des enchères applicables aux frais.

M. P. ROBLIN se réserve la faculté de rassembler ou de diviser les lots, et se charge de remplir les Commissions des personnes qui ne pourraient assister à la Vente.

L'ordre du Catalogue sera suivi

DÉSIGNATION

ESTAMPES

ADAM (V.)

1 — Charades alphabétiques. — Le bien et le mal; cent dix-huit pièces.

2 — Fantaisies. — Pages historiques. — Histoire de Napoléon ; trente-six pièces.

3 — Passe-temps. — La foire aux Idées. — Synonymes en actions ; quarante-quatre pièces.
Belles épreuves, grandes marges.

ALBUMS

4 — Synonymes en actions, par V. Adam. — Les Etrennes, par V. Adam. — Les petites misères, par Randon ; trois albums br. et cart.

ANONYME

5 — Repas donné le 7 mars 1806, par les marchands d'Estampes de Paris à leur confrère et ami Le Clerc.
Très belle épreuve, à toutes marges.

ANSELIN

6 — Portrait de femme assise, tenant des roses, in-4 d'après Netscher.
Belle épreuve, remargée.

AUBERT (d'après)

7 — La Revendeuse à la toilette, par Duflos.
Belle épreuve.

AUBRY, DE FRAINE (d'après)

8 — L'acte d'humanité. — La Reconnaissance de Fonrose ; deux pièces par R. de Launay.
Belles épreuves, petites marges.

BALLONS (Pièces sur les)

9 — Environ cent pièces, gravures sur bois, lithographies, eaux-fortes, portraits, caricatures en noir et coloriées.

BANCE (A Paris, chez)

10 — *Alexandre Ier*, empereur de toutes les Russies, médaillon en bistre.
Très belle épreuve, marges.

1 — *Marie-Anne-Charlotte Corday*, ci-devant d'Armans, âgée de 25 ans moins trois mois, écrivant sa dernière lettre à son père ; médaillon en couleur.
Superbe épreuve, à toutes marges.

12 — *Mme Elisabeth* de France, médaillon en couleur.
Très belle épreuve.

13 — La famille royale ; huit portraits dans un médaillon, en couleur.
Superbe épreuve, marges.

14 — La même composition.
Epreuve en noir,

15 — *Louis XVII* enfant, ovale en couleur.
Très belle épreuve avant la lettre.

16 — Louis XVII enfant, médaillon imprimé à la sanguine.
Très belle épreuve avant toute lettre, grandes marges,

17 — *Lafayette, Mirabeau, Bailly* et autres personnages de la Révolution, dans un médaillon en forme de trompe-l'œil.
Trois épreuves en couleur et en bistre, à toutes marges.

18 — Jeune femme endormie, médaillon imprimé en bistre.
Très belle épreuve avant toute lettre, à toutes marges.

19 — Le modèle disposé. — Hébée. — Cupidon et Psyché. — Les amours flamands ; quatre médaillons en couleur.
Très belles épreuves, grandes marges.

20 — Vénus et les Amours. — Vénus, l'Amour et les trois Grâces. — Vénus et Adonis. — Vénus sur les eaux. — Retour de l'offrande ; six médaillons en couleur.
Belles épreuves, marges.

BANCE (A Paris, chez)

21 — *Beurnonville. — Dumouriez. — J.-J. Rousseau. — Sully.* — Nouvelle monnaie décretée par l'Assemblée nationale le 10 avril 1791; six médaillons en couleur.
> Très belles épreuves, marges.

22 — Sujets militaires. — Assignats. — Episode de la Révolution ; neuf médaillons.
> Epreuves en noir et en couleur.

23 — Ça ira. — Les délices maternels. — Les priseurs flamands. Sujets gracieux ; dix-sept pièces.
> Epreuves en noir.

24 — Imitation de camée. — Sujets gracieux pour bonbonnières ou abat-jour ; vingt pièces.
> Belles épreuves en noir et en couleur.

BARTOLOZZI (Fr.)

25 — February. — May ; deux pièces d'après W. Hamilton, en couleur.
> Très belles épreuves, encadrées.

26 — Cupid's Pastime, médaillon en couleur.
> Très belle épreuve, grandes marges.

27 — Mentor sous la figure de la Sagesse, d'après Aug. Kauffmann, en couleur.
> Belle épreuve, grandes marges.

BAUDOUIN (d'après P.-A.)

28 — Les Amants surpris, par P.-P. Choffard. (E.-B. 3).
> Très belle épreuve, petites marges.

29 — Le Chemin de la fortune, par Voyez l'aîné, (14).
> Très belle épreuve, grandes marges.

30 — La même estampe.
> Très belle épreuve avant la lettre, petites marges.

31 — L'Enlèvement nocturne, par N. Ponce, (20).
> Très belle épreuve, marges.

BAUDOUIN (d'après P.-A.)

32 — L'Épouse indiscrète, par N. de Launay, (21.)
Très belle épreuve, marges.

33 — Le Fruit de l'amour secret, par Voyez le jeune (23).
Très belle epreuve, grandes marges.

34 — Le Poête Anacréon, par N. de Launay, (38).
Très belle épreuve avant la dédicace, à toutes marges.

35 — La Rencontre dangereuse, par Le Veau (40).
Très belle épreuve à grandes marges.

BEAUVARLET (J.)

36 — La Confidence. — La Sultane (Portraits de la marquise de Pompadour), deux pièces faisant pendants, d'après C. Vanloo.
Très belle épreuve, marges.

BOILLY (d'après L.)

37 — Les hommes se disputent. — Les femmes se battent, deux pièces, par Chaponnier.
Belles éprenves, grandes marges.

38 — Scènes de voleurs. — L'amant musicien, trois pièces.
Belles épreuves.

39 — Le Marchand d'orvietan de campagne. — Les petits soldats. — La première dent. — La dernière dent. — Costumes, huit pièces en couleur.

BONNET

40 — Vénus dessus les eaux. — L'amour volage. — La nymphe corrigée. — La réunion de l'amour. — La toilette de Vénus. — L'ivresse d'Hébé. — Diane au bain. — Jupiter et Danaé, suite de huit pièces à la sanguine.
Belles épreuves, marges.

BORGNET

41 — La Bastille, d'après Gudin.
Belle épreuve avant la lettre à toutes marges.

BOUCHER *(d'après Fr.)*

42 — Les Amants surpris, par Gaillard.
Très belle épreuve, marges.

43 — Petits, Petits... aux trois crayons, par Demarteau.
Belle épreuve, sans marge.

44 — Vénus couchée, à la sanguine, par Petit, trois pièces.
Très belles épreuves, marges.

45 — Paysage, à la sanguine, par J. Gillberg.
Très belle épreuve, à toutes marges.

46 — Jeune asiatique. — Femme de Crimée. — Femme du levant. —
Femme de Constantinople, quatre pièces à la sanguine.
Belles épreuves, à toutes marges.

BRADEL (J.-B.)

47 — *Eon de Beaumont* (La chevalière d'), in-4.
Epreuve avec marges.

BULLA (à Paris, chez)

48 — La belle Irlandaise de Dublin. — La belle espagnole de Madrid. —
Le Midi, trois pièces en couleur.

BUNBURY (d'après)

49 — Expectation, par Rose Le Noir, en couleur.
Très belle épreuve, marges.

CALLOT (J.)

50 — Combat de la barrière, — Entrée de Monseigneur Henry de Lor-
raine. — Martyre de Saint-Sébastien. — Les supplices, etc., vingt-
neuf pièces.
Belles épreuves.

CAMPION (à Paris, chez les)

51 — Médaillons pour *le mariage de Figaro,* deux pièces en bistre, par
Guyot et Mauclerc.
Très belles épreuves sans marge.

52 — Romance du petit page, dans le deuxième acte de la comédie intitu-
lée : *Le mariage de Figaro,* in-4 en bistre.
Très belle épreuve, grandes marges.

CANU

53 — Céladon et Célie, en couleur.
Très belle épreuve, marges.

CARESME (d'après)

54 — Honny soit qui mal y voit, par Hubert.
Très belle épreuve avant la lettre, remargée.

CARICATURES

55 — Scène in Hyde Park. — The Rambler; deux pièces coloriées.
Belles épreuves à toutes marges.

56 — Les deux bons apôtres.—English patriots, deux pièces en couleur.
Belles épreuves.

57 — Mademoiselle Duchesnois et l'abbé Geffroy. — Courriers du chien de Montargis. — Mademoiselle Pastel suivie de sa mère. — Les Etrennes ; quatre pièces coloriées.
Belles épreuves avec marges.

58 — Paris assiégé. — Souvenirs du Siège de Paris, par Draner; soixante-sept pièces coloriées.

CARRACHE, CHAMPAIGNE (Ph. de), d'après

59 — Ulysse découvre Achille, par Audran.— Moïse, par Edelinck ; deux pièces.
Belles épreuves une est sans marge.

CATHELIN

60 — *Artois* (Marie-Thérèse, princesse de Piémont, comtesse d'). — *Provence* (Marie-J^{ue}-Louise de Savoie, comtesse de); deux portraits in-4, d'apres Drouais.
Belles épreuves, toutes marges.

CHARLET

61 — Chansons et Romances, caricatures, costumes ; quarante-deux pièces en noir et coloriées.

CHODOWIECKY (d'après)

62 — *Frédéric II*, Roi de Prusse.
Belle épreuve.

CIPRIANI

63 — The fair Student ; en bistre.
 Belle épreuve, marges.

COQUERET

64 — Les Ennuyés chez eux, (intérieur du café Procope) d'après Carle Vernet.
 Belle épreuve à toutes marges.

COUTELLIER

65 — *Mademoiselle Contat* de la Comédie-Française, dans le rôle de Suzanne, du Mariage de Figaro, in-4 en couleur.
 Très belle épreuve, petites marges.

66 — *Mademoiselle Olivier*, de la Comédie-Française, dans le rôle de Chérubin, du Mariage de Figaro, in-4, en couleur.
 Très belle épreuve, grandes marges.

67 — *Ménier* (Joseph), in-8 en couleur.
 Epreuve sans marge.

68 — Jeune femme, en buste, ovale, In-folio en couleur.
 Très belle épreuve, sans marges, encadrée.

COYPEL (d'après)

69 — Aventures de Don Quichotte; six pièces.
 Belles épreuves, à grandes marges.

D. V.

70 — *Mlle Contat*, de la Comédie Française, dans le rôle de Suzanne, du mariage de Figaro, ovale in-8 en bistre.
 Très belle épreuve, marges.

DANIELL (W.)

71 — *Eon de Beaumont*, (La chevalière d') in-4, d'après G. Dance.
 Belle épreuve, à toute marge.

DARDEL (d'après)

72 — Sacrifice à l'amour. — L'amour désarmé; deux pièces par Tourcaty, en bistre.
 Belles épreuves, à toutes marges.

DEBUCOURT (P. L.)

73 — La coquette et ses filles ou une mère à la mode.
Très belle épreuve, grandes marges.

74 — Un gourmand, 1803.
Très belle épreuve, grandes marges.

75 — La manie de la danse.
Très belle épreuve. grandes marges.

76 — Militaires anglais. — Officiers prussiens ; deux pièces en couleur.
Très belles épreuves, à toutes marges.

77 — La salle à manger, d'après Drolling.
Belle épreuve avant la lettre, grandes marges

DEMARTEAU

78 — La Bohémienne. — Jeune femme cueillant des roses. — Femme debout ; quatre pièces à la sanguine, d'après Fr. Boucher.
Belles épreuves, marges.

79 — Vénus et les Amours, à la sanguine, d'après Fr. Boucher.
Très belle épreuve, a toutes marges.

80 — Etudes d'animaux, trophées, etc.; vingt-cinq pièces en noir et à la sanguine, d'après Huet et Dugommier.

81 — Vénus et l'Amour couchés sur un lit de repos, à la sanguine d'après Fr. Boucher.
Très belle épreuve, grandes marges.

82 — Livre d'animaux ; six pièces à la sanguine d'après Huet et Dugommier.
Très belles épreuves, a toutes marges.

DENON (Vivant)

83 — Retour d'Austerlitz, gravé à l'eau-forte à Munich en 1806.
Très belle épreuve, a toutes marges.

DEPEUILLE (A Paris, chez)

84 — Le Jeu de la Balançoire.
Belle épreuve, grandes marges.

DESNOS (A Paris, chez)

85 — Calendrier pour l'année 1769.
Epreuve coloriée.

DEVERIA (Achille)

86 — Sujets de genre, mythologie; huit lithographies.
Epreuves en noir et coloriées.

DIAZ (d'après N.)

87 — Eaux-fortes, lithographies et gravures sur bois; trente pièces.

DIVERS

88 — Bacchanales par La Rue, portraits et eaux-fortes modernes; vingt-six pièces.

89 — Blasons, entourages ornés, ornements; vingt-huit pièces en noir et coloriées.

90 — Calendriers et Menus; soixante-seize pièces en noir et coloriées.

91 — Compositions allégoriques sur les mois et les saisons; quatre-vingt-treize pièces sur bois.

92 — Costumes et scènes militaires, d'après Detaille et autres; douze pièces coloriées.

93 — Estampes de l'Ecole française et de l'Ecole italienne; treize pièces.

94 — Estampes anciennes, par Callot et Castiglione. Portraits et sujets modernes; dix-sept pièces.

95 — OEuvres d'artistes français, gravures sur bois, lithographies et photographies; trois cent quarante pièces.

96 — Photogravures publiées par Goupil; douze pièces.

97 — Scènes dans le Noorland; onze pièces en couleur d'après Nordenberg et autres.

DIVERS

98 — Vignettes et portraits d'après Eisen, Rallet, Marillier et autres ; environ cent pièces.

99 — Reproductions sur bois d'œuvres d'artistes modernes ; environ deux cents pièces.

100 — *Marie Stuart.* (Tombeau de) — *Catherine Opalinska.* — *Marguerite Lemon.* — *Mlle de la Chantrie.* — *Catherine de Bar.* — *Comtesse d'Artois.* Allégorie sur Marie-Antoinette ; sept portraits in-folio.
   Belles épreuves, une est à l'eau-forte pure.

101 — Portraits anciens et modernes ; trente-quatre pièces.

102 — Portraits étrangers, caricatures ; trente-cinq pièces.

103 — Gravures sur bois par Lix, né à Strasbourg, et Meaulle, né à Angers ; soixante-neuf pièces.

104 — Portraits et Sujets religieux ; cent cinquante-neuf pièces.
   Gravures sur bois et chromo-lithographies.

105 — Eglises, temples, cérémonies, établissements religieux, reproduction de tableaux ; deux cent cinquante-huit pièces.
   Gravures sur bois.

106 — Topographie, cartes et plans de la France et de l'étranger ; seize pièces.

107 — Cartes et plans routiers de la France ; quinze pièces.

107 *bis* — Sous ce numéro, il sera vendu par lots environ sept cents pièces, par ou d'après L. Boilly, Mallet, Sicardi, Dessins, Vignettes, Portraits, Ornement, Vues d'optique. Pièces sur Paris, et Sujets de la Révolution ; épreuves en noir et en couleur.

DUFLOS (Claude)

108 — *Le Tellier,* (Ch. M.) archevêque de Reims, d'après Mignard.
   Belle épreuve.

DUGOURE (d'après J. D.)

109 — Le lever de la mariée, par Ph. Trière.
Très belle épreuve avant la lettre. grandes marges.

110 — La même estampe.
Superbe épreuve avant toute lettre, à l'état d'eau-forte avancée, marges.

DUPLESSIS-BERTAUX

111 — Episodes de la Révolution. — Scènes militaires. — Sujets relatifs
à l'histoire de Napoléon Ier ; vingt-trois pièces.
Epreuves avant la lettre et à l'eau-forte pure.

112 — Scènes historiques. — Vues et paysages ; cinquante pièces.
Epreuves avant la lettre et a l'eau-forte pure.

EAUX-FORTES MODERNES

113 — Sujets divers gravés par ou d'après Waltner, Montefiore, Lepère,
Roybet, Lansyer et autres, trente-huit pièces.
Belles épreuves, la plupart sont avant la lettre.

114 — Portraits, Vues, Paysages et Sujets de genre, gravés par ou d'après
Lhermitte, Taiée, Wilson, Martial, Masson et autres; vingt-neuf
pièces.
Plusieurs sont avant la lettre sur papier du Japon

115 — Portraits gravés par Coutry, Milius, Devaux, Narjeot et autres ;
dix-neuf pièces.
Belles épreuves, la plupart sont avant la lettre.

ÉCOLE FRANÇAISE DU XVIIIe SIÈCLE

116 — Groupes d'amours, avec guirlandes de roses, gravure à la manière
de lavis.
Superbe épreuve. sans marge.

117 — L'Hiver, gravure à la manière de lavis.
Belle épreuve d'essai avant toute lettre, marges.

ÉCOLE ITALIENNE

118 — Le grand Scaramouche. Tête de page in-folio.
Très belle épreuve.

ELLUIN

119 — *Madame Louise-Marie de France*, in-4, d'après Macret.
Belle épreuve, petites marges.

FEYEN-PERRIN (A.)

120 — La légende Napoléonienne, eau-forte.
Très belle épreuve avant la lettre, marges.

FOURNIER (d'après)

121 — Le Bouquet présenté, par J.-F. Wolff.
Epreuve avec marges.

FRAGONARD (d'après H.)

122 — La Fontaine d'Amour, par N. Fr. Regnault.
Très belle épreuve, petites marges.

123 — La Gimblette, par Bertony.
Belle épreuve, marges.

124 — La Culbute. — La Fontaine d'Amour. — Le Fleuve Scamandre ;
trois pièces.
Reproductions, une pièce est coloriée.

FRANÇOIS

125 — *Marie de Pologne*, reine de France, à la sanguine.
Belle épreuve, marges.

FREUDEBERG (d'après)

126. — La Matinée, par Bosse, planche réduite.
Belle épreuve à toutes marges.

FROMMEL (C.)

127 — Laudschaftliche original Radirungen; onze pièces gravées à l'eau-
forte.
Belles épreuves dans la couverture de publication.

GÉRARD (d'après Fr.)

128 — Homère, par R.-U. Massard.
Belle épreuve.

GRANVDILLE (J.-J.)

129 — Romance, caricatures; sujets divers; huit pièces en noir et coloriées.

GRANDVILLE (d'après J.-J.)

130 — Gravures sur bois provenant de diverses publications; vingt-cinq pièces.

GREUZE (d'après J.-B.)

131 — L'Accordée de Village. — Le Paralytique servi par les Enfants; deux pièces in-folio à la manière de lavis.
Très belles épreuves, marges.

132 — La Cruche cassée, par Massard. — La Fille confuse, par Ingouf; deux pièces.

HAMILTON (d'après W.)

133 — Constantia, par R. Girard, en bistre.
Belle épreuve, marges.

HEMERY (L.-R.)

134 — Etudes de têtes; six pièces à la sanguine.
Très belles épreuves, marges.

HONDIUS

135 — Les femmes ivres.
Belle épreuve.

HOPNER (d'après J.)

136 — Sophia Western, par Martin, in-8, ovale en couleur,
Tres belle epreuve, marges.

JACQUE (Ch.)

137 — Mort de Subercaze. — Les Buveurs. — Le Joueur de Mandoline; trois pièces à l'eau forte.
Très belles épreuves.

138 — Sujets d'après Chardin; suite de six pièces.
Epreuves avant la lettre sur papier de Hollande.

139 — Eaux-fortes, cinq pièces. — Illustrations sur bois, cinquante-sept pièces, ensemble 62 pièces.

JANINET

140 — *Mademoisele Colombe l'ainé*, in-8, en couleur.
Belle épreuve à toutes marges.

141 — *Mademoiselle Contat.* Rôle de Suzanne du Mariage de Figaro, in-8 en couleur.
Très belle épreuve.

142 — La Vestale, en couleur.
Très belle épreuve, sans marge.

JEAURAT (d'après Et.)

143 — Le Carnaval des rues de Paris. — Le Transport des filles de Joye à l'hôpital; deux pièces par C. Le Vasseur.
Epreuves avec une petite marge.

LEBERTHAIS (d'après)

144 — Les tapisseries de la cathédrale de Reims; dix pièces coloriées.
Épreuves à toutes marges.

LEGRAND (Augustin)

145 — *Jeanne de Navarre*, duchesse de Bretagne, in-folio en couleur.
Belle épreuve, petites marges.

LE GRAND

146 — Italian Gardener. — Italian fruit Girl ; deux pièces, en bistre.
Très belles épreuves à toutes marges.

LE NAIN (d'après)

147 — L'école champêtre. — La surprise du vin ; deux pièces, par J. Daullé.
Très belles épreuves, grandes marges.

LANCRET, PATER, JORDAENS (d'après)

148 — *Mlle Camargo*, par L. Cars. — *Mlle d'Angeville la jeune*, par Le Bas. — Chasteté de Joseph, par Desplaces; trois pièces.

LAVREINCE (d'après N.)

149 — Nina, par Colinet, en couleur ; deux épreuves, dont une avant la lettre, imprimée sur satin.

MALLET (d'après)

150 — Voyage à Cithère. — Les fleurettes. — Les bonnes amies. — L'impatience amoureuse; quatre pièces.
Belles épreuves, marges.

MARTIAL

151 — Anciennes rues de Paris; cinq pièces.
Epreuves d'artistes sur papier de Hollande.

152 — Annuaire des beaux arts, 1875; vingt-neuf pièces.
Epreuves sur papier de Chine dans la couverture de publication.

153 — Salon de peinture, 1868; sept pièces. — Annuaire des beaux arts, 1876; dix-sept pièces. — Revue manuscrite des beaux arts; trois pièces. — Sujets sur Paris et les beaux arts; vingt pièces, ensemble 47 pièces.
Epreuves sur Hollande et sur papier de chine.

154 — La Butte des moulins; vingt-deux pièces.
Epreuves sur papier de Hollande.

155 — Même série; treize pièces.
Epreuves sur papier du Japon.

156 — Source en forêt; quatre épreuves.
Papier de Hollande.

MATHAM (J.)

157 — Neptune.
Belle épreuve.

MAULPERSCH (Ant.)

158 — Le charlatan, eau-forte, 1785.
Epreuve à toutes marges.

MEULEN (Van der)

159 — *Louis XIV* à cheval, ovale in-8.
Très belle épreuve.

MILLER (d'après)

160 — Animal affection, en couleur, par Bonnefoy.
Belle épreuve, marges.

MONDHARE

161 — Monument élevé à Rennes, au champ de Montmorin, pour la fête patriotique donnée par les habitants, aux militaires en garnison dans la ville, le 12 août 1789.

Belle épreuve à toutes marges.

MONGEZ et VISCONTI

162 — Iconographie grecque et romaine ; soixante-dix pièces.

Épreuves à toutes marges.

MONNET (d'après Ch.)

163 — Jupiter et Io, par Vidal.

Très belle épreuve avant le lettre et avant la draperie, marges.

MONNIER (Henry)

164 — Vignettes in-8, pour les chansons de Béranger.

Cinq pièces coloriées, a toutes marges.

165 — L'Homme à la pique.

Très belle épreuve à toutes marges.

166 — Caricatures et sujets divers; quarante-huit pièces en noir et coloriées.

MONSIAU (d'après)

167 — L'éducation de l'amour. — Le départ d'Adonis pour la chasse ; deux pièces en couleur, par Mme Demouchy.

Épreuves avec marges.

168 — Mariage samnite, par Ruotte, en couleur.

Très belle épreuve, grandes marges.

MOREAU LE JEUNE (d'après J.-M.)

169 — Les petits Parrains. — L'accord parfait. — N'ayez pas peur ma bonne amie; trois pièces.

Belles épreuves a toutes marges.

MOREAU (d'après L.)

170 — Le Villageois entreprenant, par Germain et Patas.

Belle épreuve.

MORIN (Ed.) SCOTT

171 — Gravures sur bois : cent cinquante pièces.

MORLAND (d'après G.)

172 — Constancy — Variety ; deux pièces, par Bartolotti, en bistre.
Très belles épreuves à toutes marges.

NANTEUIL (Célestin)

173 — Romances, sujets divers : cinquante-sept lithographies.

ORNEMENTS

174 — *H.-C.* Ornement en forme de croix, XVI· siècle.
Très belle épreuve.

PARIS (Pièces sur)

175 — Vue de Paris du côté nord, 1715.
Belle épreuve.

176 — Incendie de l'Opéra, en 1763, coloriée.
Très belle épreuve a toutes marges.

177 — Exposition au salon du Louvre, en 1787, par P.-A. Martini.
Epreuve avec marges.

178 — Vue de la décoration élevée en face de la place de Grève, de l'autre côté de le Rivière, à l'occasion de la fête donnée à leurs Majestés par la Ville de Paris, XXV frimaire, an XIII (16 décembre 1804), gravé à la manière noire, par Lecœur.
Belle épreuve, marges.

179 — Pie VII bénissant les fidèles assemblés dans son appartement, au Pavillon de Flore, le vendredi. 8 mars 1805, à la manière noire. par Marle.
Belle épreuve, marges.

180 — Attaque de l'Hôtel de Ville (1830). — Inhumation des martyrs de la liberté ; deux pièces, gravées à la manière noire, par Jazet.
Epreuves avec marges.

181 — Plan figuratif des Barricades et des positions et mouvements des citoyens armés et des troupes, pendant les journées des 27, 28. 29 juillet 1830, autographié et dressé par Ch. Motte, en douze feuilles.
Epreuves coloriées et assemblées.

PARIS (Pièces sur)

182 — Plan de Paris. Itinéraire des nouvelles voitures (1835).
Épreuve coloriée.

183 — Les Moines de Ménilmontant, ou les capacités Saint-Simoniennes.
Belle épreuve coloriée.

184 — Les Cimetières et les Catacombes ; vingt pièces anciennes et modernes.

185 — Églises et Monuments ; onze dessins et gravures au trait et au lavis.

186 – L'Observatoire ; vingt-trois pièces anciennes et modernes.

187 — Les Marins de la Défense, Paris, 1871 ; seize eaux-fortes, par Martial.
Épreuves à toutes marges dans la couverture de publication.

188 — Tombeaux et Mausolées, texte et planches ; cent-soixante-quatre pièces.
Épreuves à toutes marges.

189 — Vues de Paris, gravées à l'eau-forte, par Martial, Champollion, Chauvel, Péquegnot et autres ; trente-deux pièces.
Belles épreuves, la plupart sont avant la lettre, sur papier de chine.

PICART (B.)

190 — Recueil de lions ; treize pièces.
Belles épreuves.

PIÈCES HISTORIQUES

191 — Banquet civique de 1560 personnes offert aux corps militaires de terre et de mer par les habitants de Brest, le 6 août 1830. Lithographie de Cuzent.
Épreuve coloriée.

POILLY (F.)

192 — *La Motte Houdancourt,* (Mme de) in-folio.
Belle épreuve, petites marges.

POTRELLE (L.)

193 — Clytie, d'après A. Sambat.
Belle épreuve, marges.

POUSSIN (d'après N.)

194 — Le Jugement de Salomon. — Les funérailles d'un génie ; deux pièces par Agricola.
Epreuves à toutes marges.

QUEVERDO (d'après)

195 — Les Baigneuses.
Très belle épreuve à l'eau-forte pure, marges.

196 — C'est papa !
Très belle épreuve avant toutes lettres, petites marges.

197 — Le dangereux modèle, par Patas.
Très belle épreuve, marges.

198 — La récolte d'automne. — Les plaisirs de l'hiver ; deux pièces par Frussotte.
Belles épreuves, marges.

RAOUX (d'après J.)

199 — Les Quatre Ages de la Vie; suite de quatre pièces par L. Moyreau.
Belles épreuves, marges.

RÉVOLUTION (Pièces sur la)

200 — Caricature sur Brissot, Barnave, Chapelier et autres ; in-4 à la manière noire.
Très belle épreuve, grandes marges,

201 — Ouverture de l'Assemblée nationale, par J. M. Moreau le Jeune.
Très belle épreuve à l'eau-forte pure, petites marges.

202 — Journée mémorable du 20 juin 1792, par Jourdan.
Belle épreuve.

REYNOLDS

203 — Jeanne d'Arc en prison, d'après P. Delaroche.
Belle épreuve.

RIGAUD (H.), **RUBENS**

204 — *Jeanne d'Autriche. — Elisabeth de Bourbon. — Marie, duchesse de Nemours* ; trois portraits.
Belles épreuves.

ROUSSEAU (d'après Th. et Ph.)

205 — Eaux-fortes et lithographies ; onze pièces.
Belles épreuves.

SAINT (d'après E.)

206 — La danse des ramoneurs ; lithographie par V. Loutrel.

SAINT-AUBIN (A. de)

207 — *Beaumarchais* (P. A. Caron de) in-4 d'après Cochin.
Très belle épreuve, à toutes marges.

SAINT-AUBIN (d'après Aug. de)

208 — La sollicitude maternelle, par Sergent et Phelippeaux, en couleur.
Belle épreuve avec marges.

SAINT-AUBIN (d'après Gabriel de)

209 — Ballet dansé au Théâtre de l'Opéra dans le *Carnaval du Parnasse*
acte 1er dans lequel sont représentés ces trois théâtres, par Basan.
Très belle épreuve, grandes marges.

SCHALL (d'après)

210 — Paul et Virginie, en couleur, par Descourtis.
Epreuve avec marges.

SCHUPEN (P. Van)

211 — *Angélique Arnauld* (La Mère Marie); in-4 d'après Ph. de Cham-
pagne.
Très belle épreuve, petites marges.

SERGENT

212 — Il est trop tard, en couleur.
Très belle épreuve, sans marge.

213 — *Necker*, d'après Duplessis, in-4 en couleur.
Très belle épreuve, encadrée.

SICARDI (d'après)

214 — Oh, Che fortuna ! en couleur, par Bouquet.
Tres belle épreuve, grandes marges.

SPORT (Pièces sur les)

215 — The Foxhunter. — Château de Windsor ; deux pièces coloriées.

216 — Death of the Stag. — Stag taking Water ; deux pièces gravées par
Duncan, d'après Ferneley.
Belles épreuves coloriées, à toutes marges.

217 — Chasse aux faisans. — Chasse aux marais. — Chasse aux loups
trois pièces par Grenier.
Epreuves en couleur.

218 — Etudes de chevaux, sujets militaires, d'après Lalaisse, Gengembre,
Bonnemaison et autres ; quinze pièces.
Epreuves en noir et coloriées.

STOTHART (d'après)

219 — The Children in the Worhouse, en couleur, par Ruotte.
Belle épreuve, petites marges.

SHUR (C.)

220 — *Angelica Catalani*, in-folio.
Belle épreuve, grandes marges.

TENIÈRS, TISCHBEIN (d'après)

221 — L'agréable désordre. — La Tentation de saint-Antoine. — Les
fumeurs ; trois pièces.
Epreuves avec marges.

VANLOO (d'après C.)

222 — Erminie et le Berger. — Clorinde et Tancrède ; deux pièces par
Porporati.
Belles épreuves, marges.

VERNET (Carle)

223 — Chasse à courre. — Cheval de Cosaque irrégulier ; deux_litho-
graphies.
Belles épreuves.

VERNET (d'après Horace)

224 — Chasses, sujets militaires, pièces historiques ; neuf lithographies.

VERNET (d'après J.)

225 — La belle matinée, par Benazeck.
Épreuve avec marges.

VUES D'OPTIQUE

226 — Paris, Gibraltar, Maroc, Tunis ; dix pièces coloriées.

WILLE (J. G.)

227 — *Largillière* (Marguerite Elisabeth de), d'après N. de Largillière.
Très belle épreuve, marges.

DESSINS

BERGHEM (Nicolas)

228 — Paysage.
Plume et lavis.

BERNIN (Le chevalier)

229 — Cartouche orné de figures allégoriques.
Plume et lavis d'encre de Chine.

BOUTET (G.)

230 — La chanson de Fortunio.
Encre de Chine.

CARRACHE (A.)

231 — La mort d'Abel.
Plume et lavis.

232 — La Plantation de la Croix.
Plume et lavis.

CHALLE

233 — Bacchanale.
A la plume et au lavis d'encre de Chine.

COCHIN (C.-N.)

234 — La peinture, poème de Lemierre ; deux croquis.
A la pierre noire.

COQUANTIN

235 — Didon. — La Sœur de Didon ; deux pièces faisant pendants.
Crayon noir, signés 1827.

DRSRAIS

236 — *Voltaire* âgé ; ovale in-8.
Plume et lavis de bistre.

DIVERS

237 — Compositions pour dessus de boîtes. — Portraits révolutionnaires.
— Emblêmes, etc. ; dix-neuf pièces.

238 — Emblèmes ; six pièces pour almanachs.
Plume et lavis d'encre de chine. On y a joint un sujet gravé et imprimé en couleur.

239 — Frises. — Allégorie sur la Révolution. — Portraits, etc. ; douze
dessins.

240 — La République couronnant Barra.
Plume et lavis d'encre de chine.

241 — Démolition de la Bastille. — Arrivée du Roi à Paris. — Le
Triomphe de Bailly ; trois pièces en largeur.
Plume et lavis d'encre de chine.

DUPLESSIS-BERTAUX

242 — Le Charlatan.
Plume et aquarelle, signé 1773.

ÉCOLE FRANÇAISE DU XVIIIᵉ SIÉCLE

243 — Paysages ; deux pendants.
Gouaches.

ÉCOLE HOLLANDAISE

244 — Derviches tourneurs.
A l'encre de chine, a été gravé dans l'histoire des Religions, de B. Picart.

ÉCOLE ITALIENNE

245 — Le Supplice.
Plume et lavis.

ÉCOLE ROMAINE

246 — Combat de Lapithes.
Plume et lavis.

FLEURY

247 — La Liberté. — L'Égalité. — La Justice ; trois médaillons.
Plume et lavis d'encre de chine.

FRAGONARD (Honoré)

248 — Croquis pour Roland furieux ; sept pièces.
A la pierre noire.

FRAGONARD FILS

249 — La Liberté. — La Raison. — La Vérité. — L'Égalité ; Quatre dessins.
Crayon noir, signés.

GUERCHIN (le)

250 — Étude d'homme pour le tableau de sainte Pétronille.
A la plume.

HELST (Van der)

251 — Etude de Seigneur.
Sanguine.

KOBELL (F.)

252 — Le Sommeil des Voyageurs ; deux pièces.
Plume et sépia.

LA FAGE

253 — Nymphe et Satyre.
Plume.

LAFITTE

254 — La Matrone d'Ephèse. — Etudes ; cinq pièces.
Crayon noir.

LELI (Pierre)

255 — Pan jouant de la flûte.
Plume et lavis d'encre de Chine, signé et daté 1761.

MICHEL-ANGE (Attribué à)

256 — Lutteurs.
Plume et lavis.

MOREAU LE JEUNE (J.-M.)

257 — Satyres vaincus par Bacchus.
Plume et lavis de Sépia, signé, 1762.

OS (Van)

258 — Etudes de vaches ; deux pièces.
Crayon réhaussé.

SOLDÉ (A.)

259 — La lecture du rapport.
Aquarelle signée.

SOLIMÈNE

260 — Étude de plafond. — Etudes de tympans ; trois sujets sur deux feuilles.
Plume et lavis.

TRIMOLET

261 — Les merveilles de l'Opéra, 2me planche des chansons populaires de la France, grand in-8.
Plume rehaussée de gouache, signé.

VOLTERRE (Daniel de)

262 — Fragment du Jugement dernier, d'après Michel-Ange.
A la plume.

ZUCCARELLI

263 — Pastorale.
Crayon noir.

Paris. — Imp. PAIRAULT & Cie, 3, passage Nollet (2998).